NOTICE BIOGRAPHIQUE

SUR

L'ABBÉ JACQUES RASCOL

CURÉ-DOYEN DE MURAT, CHANOINE HONORAIRE D'ALBI

A. DAVID

NOTICE BIOGRAPHIQUE

SUR

L'ABBÉ JACQUES RASCOL

Curé-Doyen de Murat, Chanoine honoraire d'Albi

PAR UN DE SES NEVEUX

LE DOCTEUR V. RASCOL

TOULOUSE
IMPRIMERIE SAINT-CYPRIEN
ALLÉES DE GARONNE, 27

1890

Peu de temps après la mort de l'abbé Rascol, curé doyen de Murat, mû par un sentiment de légitime piété, celui qui écrit ces lignes recueillit tous les matériaux à sa portée pour la biographie de ce saint prêtre. Ces éléments épars durent être coordonnés plus tard. La rédaction que nécessita ce travail n'était pas destinée à la publicité ; elle devait rester dans l'intimité de la famille. Une idée bien arrêtée lui faisait envisager la divulgation des mérites et des vertus de ce prêtre, modeste entre tous, comme une profanation. Il en était pour lui de cette existence, si belle dans son obscurité et dans son humilité, comme de certaines œuvres délicates de la nature que la main de l'homme ne peut toucher sans les flétrir. Les progrès de l'âge, le spectacle écœurant de l'abaissement des caractères, tel qu'il s'offre à nous dans le temps présent, et les instances d'amis à qui a été communiquée cette notice, ont modifié sa manière de voir. Il croit bien faire aujourd'hui en offrant un modèle d'homme fort et vertueux, qui, même abstraction faite de son caractère sacerdotal, sut se commander à lui-même et maîtriser l'ambition et l'égoïsme, les deux grandes plaies de la société au sein de laquelle nous vivons. Il obéit, en outre, à un sentiment du cœur et paie une dette de reconnaissance envers celui qui fut pour lui l'égal d'un père.

Dans ces dispositions d'esprit, il lui restait un dernier devoir à remplir en soumettant son travail à l'autorité ecclésiastique. La bienveillance avec laquelle le premier pasteur du diocèse a daigné l'accueillir, comme en fait foi la lettre qu'il a bien voulu lui adresser, a été le motif décisif de cette publication, qu'un enchaînement de circonstances indépendantes de sa volonté a retardée jusqu'à ce jour ; il ne croit pas cependant qu'il soit trop tard, la figure de celui dout il essaie la biographie n'étant pas de celles qui ont besoin d'être signalées dès leur reproduction, sous peine de vieillir oubliées.

Albi, le 6 janvier 1887.

Monsieur le Docteur,

J'ai lu avec bonheur la notice que vous avez consacrée à la mémoire du saint prêtre qui fut l'honneur de votre famille et, je puis le dire, du diocèse tout entier.

Conserver ses exemples, perpétuer ses enseignements, raviver le souvenir d'une vie marquée au coin du désintéressement et du zèle apostolique, c'est plus qu'une œuvre de piété filiale, c'est une œuvre d'édification et de formation sacerdotale. Je vous félicite de l'avoir entreprise et de l'avoir menée à bonne fin.

Puissiez-vous avoir de nombreux imitateurs! A côté des saints honorés d'un culte public dans le diocèse, il y a eu toute une légion de saints prêtres dont les vies bien groupées formeraient un code parfait du ministère paroissial. La divine Providence, qui nous a déjà donné l'historien des saints du diocèse, daignera nous donner un jour le biographe des saints curés. Il trouvera dans la notice sur les deux abbés Rascol une des parties les plus édifiantes et les plus intéressantes de son travail.

Agréez, Monsieur le Docteur, l'assurance de mes sentiments les plus dévoués.

† JEAN-EMILE,

Archevêque d'Albi.

I

Le 23 février 1795 naissait au village de Cabanes, dans la commune de Cabanes-et-Barre, canton de Murat, arrondissement de Castres (Tarn), le quatorzième enfant d'une des plus anciennes familles du pays. Son père s'appelait Jean Rascol, et sa mère Marie-Anne Julien. Cette famille, aux mœurs patriarcales, comptait plusieurs prêtres dans son sein : c'étaient l'abbé Durand, curé de la paroisse de Barre, et l'abbé Pierre Rascol, curé de Murat. Le premier était oncle à la mode de Bretagne du nouveau-né, et le second, oncle direct. En remontant trois générations en arrière, nous trouvons un autre prêtre dans cette famille, Antoine Rascol, qui aurait, paraît-il, occupé la paroisse de Murat.

Jean Rascol était maire de sa commune, ce qui ne l'empêchait pas de donner asile aux prêtres insermentés qui erraient sur nos montagnes pour se soustraire à la persécution; il reçut même et abrita pendant quelque temps, un évêque fugitif qui lui laissa ses insignes et ses ornements. C'est avec ces ornements que fut dite, dans la maison de Jean Rascol, la messe qui précéda ou suivit le baptême du nouveau-né; ce dernier reçut le nom de Jacques. Une partie des habitants du village de Cabanes assista à cette cérémonie. En tenant compte des circonstances et des temps fâcheux où cela se passait, il fallait une foi robuste au fonctionnaire qui bravait ainsi la délation et ses dangereuses conséquences, pour mettre de l'ostentation dans l'accomplissement d'un devoir dicté par ses convictions religieuses, alors qu'il aurait pu lui donner satisfaction sans bruit et sans danger. Il faut voir dans l'éclat donné à cette cérémonie un heureux présage d'avenir pour l'enfant qui en était l'objet, en même temps qu'une publique manifestation de foi de la part de celui qui l'avait provoqué à ses risques et périls.

Ce fut l'abbé Roques, originaire de Cantoul, dans la paroisse de Barre, qui officia. Il avait déjà prodigué les secours de son ministère à la mère de l'enfant avant ses couches. Doué de forces physiques qui n'avaient d'égales que l'ardeur de son zèle et l'étendue de sa charité, ce saint prêtre était partout où son ministère pouvait être utile. Il n'y a pas un hameau, pas une chaumière où il n'ait secouru quelque misère, relevé quelque défaillance, porté la joie et la consolation que donne la paix de l'âme. Infatigable, on le voyait le jour et la nuit à travers toute sorte de dangers qu'il bravait hardiment ; redouté des méchants, il déjouait leurs complots par sa présence. L'abbé Roques fut l'apôtre de nos montagnes pendant toute la durée de la persécution. Ce généreux confesseur de la foi a vécu de longs jours à la tête de l'importante église de Saint-Gervais qui lui a élevé un mausolée à l'ombre du sanctuaire de Notre-Dame de Lorette.

L'accueil bienveillant et cordial que tout visiteur recevait à la cure de Saint-Gervais de la part de ce vénérable prêtre et la large hospitalité qu'il y exerçait, sans distinction de caste ni de position sociale, étaient passés en proverbe; c'était l'hôtellerie du bon Dieu.

Comme tous les derniers-nés des nombreuses familles, Jacques Rascol était benjaminé par ses parents ; il était le compagnon inséparable de son père qui, d'un âge avancé, touchait à ce terme de la vie où l'homme redevient enfant. Ce fut dans la maison paternelle que Jacques apprit à lire et à écrire, sous la direction d'un de ces maîtres nomades, comme on en trouvait alors, qui allaient s'asseoir pour un temps au foyer des familles dont ils étaient regardés comme membres. A l'âge de quatorze ans il commença ses classes de latinité au petit séminaire de Belmont, dirigé alors par un vétéran du sacerdoce aux mœurs austères, jointes à une douceur et à une simplicité attachantes pour les nombreux élèves qui accouraient dans cette école de tous les points de la montagne. J'ai nommé l'abbé Castelbou, qui, avec des ressources et un personnel insuffisants, réalisait à Belmont ce que sur un autre point, à la Fage, un autre prêtre tentait dans un dénûment complet.

Le nouvel état social enfanté par la Révolution, le bruit des camps et les deuils résultant de nos luttes intestines et de nos guerres extérieures, avaient causé une perturbation telle, qu'on avait peu songé à l'instruction de la génération nouvelle. Disons aussi que les moyens d'y pourvoir faisaient défaut un peu partout. C'est à ce moment que l'abbé Castelbou et l'abbé Paulhé fondèrent leurs établissements, où fut élevée toute la jeunesse des parties limitrophes du Tarn, de l'Aveyron et de l'Hérault, qui forment le pâté montagneux compris entre Bédarieux, Saint-Affrique, Albi et Castres.

A la Fage, il n'y avait que des pensionnaires logés et installés dans une bergerie. Là, la franche gaieté et la joyeuse bonhomie des relations compensaient la frugalité de la table et formaient des amitiés sincères et durables. De cette école sortirent des hommes sérieux et capables dans toutes les carrières. Plus d'un des élèves qui passèrent sur ces bancs rustiques a traduit le charme des souvenirs de la Fage par la parodie suivante d'un quatrain déjà ancien :

Je regrette la bonhomie,
L'air loyal, l'esprit non pointu
Et le patois tout ingénu
Du maître de la bergerie.

A Belmont, au contraire, les élèves ne se rendaient qu'aux heures des classes. Les maisons particulières étaient peuplées d'écoliers faisant ménage commun. Dans ces groupes joyeux germait une émulation louable, sans porter la moindre atteinte à ces amitiés du jeune âge qui ne s'éteignent qu'avec la vie. C'est là que commencèrent pour Jacques Rascol ces saintes intimités avec certains de ses condisciples appelés comme lui au saint ministère. De ces amitiés formées et entretenues à l'ombre du sanctuaire, il ne reste plus que le souvenir; tous ses amis sont descendus dans la tombe; il a été des derniers dans cette marche funéraire. J'obéis à un sentiment du cœur en citant les noms du saint et vénéré Joseph Azaïs, mort curé de la Salvetat, dont un pieux neveu a retracé la vie dans une notice biographique; du modeste et pieux abbé Fanjaud, mort curé de Castanet-le-Bas; de l'excellent et spirituel abbé Chabbert, aux manières simples et élégantes tout à la fois. Il avait su conquérir les sympathies de la ville de Bédarieux, qui l'envoya en suppliant auprès de Napoléon III, pour obtenir la grâce des meurtriers des gendarmes de cette ville. Ce digne prêtre est mort à Bédarieux, où il avait fondé une œuvre qui ne laissera pas périr son nom. Il repose à l'ombre du Carmel, sa création. Je ne veux pas oublier le nom de l'aimable abbé Théron, de Villemagne, que son caractère franc, loyal et ouvert avait rendu aussi populaire dans l'Hérault que dans la montagne, son pays natal. Devenu le doyen d'âge du clergé de Montpellier, il se vit le dernier survivant de sa génération, et s'éteignit paisiblement à Villemagne le 25 janvier 1880, âgé de 91 ans, après avoir régi cette paroisse pendant 66 ans. Je ne saurais taire non plus le nom de l'abbé Razimbaud, que les liens d'une étroite amitié unissaient à Jacques Rascol et aux dignes prêtres dont je viens de réveiller le souvenir. Cet ecclésiastique aux mœurs antiques et à la vertu austère ne quitta pas la montagne, son pays natal. Epuisé par un long et pénible ministère dans la paroisse de Boissezon-de-Matviel, il alla se reposer au foyer qui avait réchauffé son berceau, rapprochant ainsi les deux points extrêmes de son existence.

Dès la première année de sa scolarité, Jacques Rascol devint orphelin, et fut recueilli par un de ses frères qui lui servit de père à dater de ce moment. Je ne dirai pas ce que fut l'élève de Belmont, je ne parlerai pas de son exactitude, de ses progrès, de sa conduite et de sa piété. Le certificat que lui délivra son supérieur m'en dispense et en dit assez. Je le transcris ici intégralement :

« Je, soussigné, directeur du petit séminaire de Belmont, certifie que le sieur Rascol (Jacques), né à Cabannes, canton de Murat, arrondissement de Castres, département du Tarn, a fait dans notre école, dans l'espace de cinq ans, depuis l'an mil huit cent sept jusqu'à l'an mil huit cent douze, ses classes de latinité, les humanités et la rhétorique, et qu'il a constamment donné des preuves d'une piété solide, de talents distingués et d'une excellente conduite .

« Castelbou, prêtre, directeur. »

En quittant Belmont, le jeune Rascol alla au grand séminaire de Castres et prit le grade de bachelier ès-lettres. Son parchemin porte la date du 18 juillet 1813. L'année suivante, un ordre de Mgr Fournier, évêque de Montpellier, appela au grand séminaire de cette ville tous les élèves en théologie originaires de son diocèse. Comme nos montagnes étaient comprises dans les limites de ce diocèse, un vide considérable se fit au grand séminaire de Castres, qui perdit environ une vingtaine de jeunes lévites ; parmi eux, Jacques Rascol, qui avait déjà été tonsuré le 6 juin 1813, dans l'église Saint-Benoît de Castres. Le 22 mars 1817 il fut promu aux ordres mineurs, et le 24 août de la même année il fut fait prêtre à vingt-quatre ans, grâce à une dispense d'âge.

De son séjour au grand séminaire de Montpellier nous savons seulement qu'il fut règlementaire, et qu'il y contracta l'habitude du lever matinal qu'il garda toute sa vie. Son corps était tellement fait à cette habitude, qu'au coup de cinq heures du matin une force instinctive et irrésistible le projetait hors du lit. Ce poste de règlementaire est déjà une attestation de la régularité de sa conduite, et sa promotion au sacerdoce avant l'âge voulu prouve en faveur de sa piété, de ses vertus et de ses progrès dans l'étude de la théologie, car, il faut bien le dire, les dispenses d'âge étaient plutôt en rapport avec les vertus et les mérites de celui qui en était l'objet, qu'avec les nécessités du recrutement du clergé dont la Révolution avait tant éclairci les rangs.

Pendant le cours de cette année 1817 eut lieu un événement qui fait époque dans la vie de notre jeune lévite. C'est en avril que mourut son oncle, Pierre Rascol, curé de Lacaune. Ce prêtre avait quitté la carrière militaire pour entrer dans la milice sacrée. Après quelques années passées au collège de l'Esquille, il fit son cours de théologie au grand séminaire de Toulouse. D'abord vicaire à Notre-Dame de la Platé de Castres, il fut pourvu en 1783 de la cure de Murat où le trouva la Révolution.

Pierre Rascol resta à son poste malgré des dangers incessants, et ne s'expatria qu'après avoir vu martyriser son vicaire, l'abbé Puech, en février 1794. De retour d'Espagne, il occupa la cure de Saint-Affrique, près Labruguière ; de là il fut envoyé curé à Lacaune. Son ministère dans cette paroisse fut des plus fructueux, quoique de courte durée. Son inépuisable charité ne laissait aucune misère sans soulagement ; à bout de ressources, il n'hésitait pas, à l'exemple de saint Martin, à donner ses propres vêtements pour vêtir les pauvres. En mourant, ce saint prêtre institua son neveu, Jacques Rascol, pour héritier. Cette succession périlleuse et honorable pour notre jeune lévite fut un point de départ qui indique la marche qu'il suivra et qu'il a fidèlement suivie pendant tout le cours de sa carrière sacerdotale. C'est en s'inspirant des vertus qu'il avait admirées sur son modèle, qu'il prendra ces résolutions que tout prêtre inscrit plus encore dans son cœur que sur le papier qu'il en rend dépositaire, à la veille de son ordination. J'ai vu ce petit carnet où Jacques Rascol avait écrit, le 23 août 1817, d'une main assurée, ce code qu'il s'était fait pour se diriger dans la vie nouvelle qu'il allait embrasser. Le manuscrit est égaré, je ne puis le transcrire ici, mais je puis dire hautement que les engagements pris par le jeune prêtre ont scrupuleusement réglé sa conduite pendant tout le cours de son long ministère. Ce riche héritage de charité qu'il tenait de son oncle fut la source de toutes ses inspirations ; il ne le laissa pas dépérir entre ses mains et put le transmettre, augmenté et agrandi, à son neveu et successeur, l'abbé Antoine Rascol. Le désintéressement, dont il s'était fait une loi inscrite en tête de son code, fut une des premières dont il eut à faire l'application. Dans la succession qu'il venait d'accepter, l'actif, glorieux pour un prêtre dont le patrimoine n'a pas suffi pour satisfaire ces saintes et louables prodigalités, se composait de l'affection et des regrets d'une population désolée, du souvenir vivant de ses largesses et des pleurs des pauvres inconsolables de la perte de leur meilleur ami. Le passif trouva satisfaction dans le patrimoine de Jacques et dans les ressources de sa nouvelle famille. Cet acte admirable est le jalon indicateur de la conduite que suivra invariablement le jeune prêtre ; les intérêts ne l'occupent guère ; ses regards seront toujours fixés en haut.

C'est dans la paroisse de Saint-Gervais, alors régie par le vénérable M. Bell, déjà atteint par l'infirmité, que Jacques Rascol fit ses débuts dans le ministère. C'était un vaste champ où le zèle et l'activité du jeune prêtre purent se déployer à l'aise. Trois paroisses voisines de Saint-Gervais manquaient de prêtres; les deux vicaires de M. Bell faisaient alternativement ce service extérieur.

Après la persécution qu'avait subie l'Eglise de France pendant la Révolution, après les guerres meurtrières qui avaient décimé les populations, une réaction se produisit vers le sentiment religieux. La rareté des prêtres, la difficulté pour les fidèles de recourir à leur ministère, jointes à la vivacité des caractères, avaient rendu cette réaction plus marquée chez nos populations méridionales qui étaient avides de la parole de Dieu et de ses enseignements. Dans ces conditions, le peuple se pressait dans les sanctuaires trop étroits pour le contenir, les chaires et les confessionnaux étaient encombrés. C'est pour répondre à ces besoins incomplètement satisfaits, que s'organisèrent ces colonies mobiles de prêtres missionnaires qui, dans une courte période, évangélisèrent toute la France. Notre jeune vicaire, cédant à l'entraînement de son zèle et aux ardeurs de sa charité pour les âmes, allait prendre rang dans ces phalanges, lorsque la voix de son Evêque le retint à son poste.

Pendant les quatre années que l'abbé Rascol passa dans la paroisse de Saint-Gervais, son zèle ne se démentit pas un seul instant, au milieu des fatigues, des peines et des souffrances, tant physiques que morales, inhérentes à un service dont le personnel insuffisant était incapable de répondre à tous les besoins. L'assistance des malades était la partie de son ministère à laquelle il s'adonnait avec une prédilection marquée. Il ne se rebutait ni du mauvais vouloir, ni de l'obstination, ni des injures que l'éloignement des pratiques religieuses et la douleur inspirent quelquefois aux moribonds. Se trouvant un jour auprès d'un vieux militaire qui touchait au dernier terme de sa vie, à bout d'exhortations et de prières auxquelles le malade s'était montré insensible, l'abbé Rascol tomba à genoux devant le lit du mourant pour réciter un fervent *memorare*. L'invocation à la Vierge n'était pas finie, que, revenant à de meilleurs sentiments, le malade épancha son âme dans celle du jeune prêtre en fondant en larmes. Bientôt préparé à envisager avec confiance cette vie future, dont il n'avait eu jusque-là qu'une notion confuse et incertaine, il s'endormit paisiblement dans l'éternité.

II

En 1821, M. de Cambiaire, curé de Murat, rudement éprouvé par le climat de la montagne, demanda et obtint son changement ; il alla régir la paroisse de Graulhet. L'autorité ecclésiastique jeta les yeux sur l'abbé Jacques Rascol, qu'elle désigna pour lui succéder à Murat. Cette paroisse, immense alors, relativement à ce qu'elle est aujourd'hui, fut démembrée plus tard et fournit les principaux éléments de deux nouvelles paroisses : le Moulin-Mage et Condomines. Elle avait à cette époque un rayon moyen de 8 à 9 kilomètres, sur une vaste superficie, dont la population, très disséminée, dépassait deux mille âmes.

Le nouveau pasteur eut bientôt conquis les sympathies et la confiance de ses ouailles. Il comprit de bonne heure les besoins les plus pressants de cette bonne population, dont l'ignorance était le plus grand défaut. Comme dans tous les pays de montagnes, dont le climat âpre et froid condamne les habitants à séjourner dans leur maison pendant la saison rigoureuse, ceux de Murat avaient contracté l'habitude de nombreuses réunions pendant les longues veillées d'hiver, aux lueurs du plus grand foyer de chaque hameau. Les vieillards commençaient par raconter les légendes des temps passés, perpétuant ainsi la tradition ; pnis venaient les jeux, les amusements et les danses. Ainsi se passaient, pendant une bonne partie des nuits, ces réunions que le nouveau curé convertit en catéchismes au prix des plus grandes fatigues et de sérieux dangers. Un hiver lui suffit pour opérer cette transformation. Il quittait la cure à 5 heures du soir à cheval, se rendait aux lieux de la réunion, après une et deux heures de trajet, par de mauvais chemins le plus souvent pleins de glace recouverte de neige, exposé à de fréquentes chutes où sa vie fut plus d'une fois en danger. Il présidait la réunion qu'il inaugurait par la prière, respectait scrupuleusement le rôle des vieillards perpétuant la tradition, continuait par la récitation et l'explication du catéchisme et clôturait la veillée par la lecture d'un chapitre des figures de la Bible par Royaumont. Cette lecture attrayante avait été si appréciée, que plusieurs personnes apprirent ce livre par cœur, et bien des veillées se passèrent, plus tard, dans des luttes oratoires entre deux adversaires, faisant assaut de mémoire pour redire la vie et les actions des personnages bibliques. J'ai connu deux vieillards infirmes, héros de ces luttes dans leur jeunesse, qui demandaient à leur famille de les réunir, au moins une fois l'an, pour renouveler ces paisibles assauts auxquels ils consacraient la nuit entière.

L'activité et le zèle du jeune et infatigable curé ne pouvant suffire aux labeurs d'une aussi vaste paroisse et donner satisfaction aux bonnes dispositions de sa population, l'autorité ecclésiastique lui vint en aide en lui donnant un vicaire. Ce fut l'abbé Huc, récemment promu au sacerdoce. Rivalisant de zèle et de dévouement, le curé et le vicaire ne tardèrent pas à recueillir le fruit de leurs travaux. La paroisse se transformait ; les fidèles, entraînés par leurs exemples et leurs pressantes exhortations, rivalisaient eux aussi de piété et de ferveur dans l'accomplissement de leurs devoirs religieux.

Nous touchons à l'année 1827, année de disette et de famine pour nos montagnes. Disons qu'à cette époque la culture du sol était délaissée ; l'industrie du cardage et de la filature des laines à la main, qui se pratiquait encore, mais sur une moindre échelle que précédemment, était d'une faible ressource pour les habitants du canton. La récolte de l'année ayant été mauvaise et l'hiver rigoureux, les produits locaux devinrent insuffisants pour la nourriture des habitants, et dès le mois de mars un cri général de détresse se fit entendre dans le canton. Préoccupé de cette triste situation, l'abbé Rascol fit acheter à Castres autant de grains qu'il put ; malheureusement, la route départementale n'était pas encore entièrement livrée à la circulation, et les moyens de transport faisant défaut, l'arrivage des grains subit un retard qui faillit devenir désastreux. Déjà on fouillait le sol pour en extraire des racines de fougère, dont on faisait avec l'avoine un pain grossier, pareil aux échantillons que nous avons vus de celui que l'on fabriquait à Paris dans les derniers jours du siège de 1870. Malgré les efforts du curé pour relever le moral de la population, le découragement était général, on ne voyait que des figures hâves, décharnées, portant l'empreinte d'une tristesse mortelle, quand tout à coup, vers le milieu du mois d'avril, déboucha dans le village de Murat une longue file d'ânes portant chacun un setier de seigle. La famine était écartée.

Les événements politiques de 1830 amenèrent à Murat Mgr Brault, archevêque d'Albi. Ce prélat, membre d'un grand corps politique, fuyant l'agitation et les troubles de la révolution, vint chercher un asile dans le modeste presbytère de Murat. Le délabrement de cette habitation était tel, qu'en face du mauvais vouloir de l'administration locale et sur l'invitation de Monseigneur, elle fut réparée aux frais de quatre paroissiens dévoués.

Peu avant le début de cette année 1830, à M. Huc avait succédé l'abbé Berthoumieux dans le vicariat de Murat. Ce jeune prêtre, sorti de la dernière ordination, originaire de la plaine et doué d'un tempérament délicat, fit ses débuts à Murat pendant ce rude hiver, resté mémorable par ses rigueurs. Cinq ans de vie en commun avec son curé, passés dans la pratique des plus grandes austérités et des plus hautes vertus, établirent entre ces deux prêtres des liens d'une étroite amitié que la mort seule a pu rompre.

Après son vicariat, l'abbé Berthoumieux fut envoyé à la cure de Barre, qu'il a administrée quarante-neuf ans, de 1835 à 1884. Dans le courant de cette année, sentant ses forces l'abandonner, il demanda et obtint de se retirer à Dourgne, près Saint-Chameaux, son village natal ; c'est là qu'il est mort, le 13 mai 1886, à l'âge de quatre-vingt-un ans.

Malgré les soins et les fatigues de son pénible ministère, Jacques Rascol réunissait au presbytère quelques élèves auxquels il enseignait les premiers éléments de la langue latine. Le nombre de ces élèves augmenta sensiblement à l'arrivée de l'abbé Berthoumieux, plein de goût et d'aptitude pour l'éducation de l'enfance. Bientôt cette modeste école devint une vraie pépinière de jeunes lévites, dont la plupart ont occupé une place honorable dans les rangs du clergé des diocèses d'Albi et de Montpellier. A côté des élèves qui se vouèrent au saint ministère, d'autres, appelés à différentes carrières, puisèrent dans les leçons et les exemples de ces saints prêtres de solides enseignements, qui leur permettant d'aborder diverses branches des connaissances humaines, surent les tenir en garde contre les écueils du monde, et leur inspirer les sentiments chrétiens seuls capables de soutenir l'homme au milieu des épreuves, des luttes et des traverses de la vie.

Cependant, l'église de Murat d'une capacité peu en rapport avec la population croissante, devint insuffisante pour la contenir. Il fallut songer, ou à construire un vaisseau plus considérable, ou à agrandir l'ancien. C'est ce dernier avis qui prévalut. Une chapelle latérale existait à gauche, formant un bras de croix unique ; on décida d'en construire une autre à droite pour faire pendant à la première. Ce projet avait l'avantage d'agrandir et de régulariser l'édifice, en lui donnant la forme d'une croix, en même temps qu'il était économique, eu égard à la dépense qu'aurait nécessitée la construction d'un nouveau temple. La fabrique ne disposait pas de ressources capables d'autoriser une pareille entreprise ; l'administration locale n'avait ni la volonté, ni les moyens de lui venir en aide ; le dévouement des habitants de la paroisse et celui de son clergé durent suffire.

Les travaux furent commencés en avril 1832. Les abords de l'église étaient chaque jour encombrés de bouviers apportant leur pierre à l'édifice, sous forme de moellon, de sable et de pièces de bois appropriées au besoin. Des ouvriers de bonne volonté travaillaient, à l'exemple du curé et du vicaire, les uns à disposer les matériaux aux endroits les plus convenables, les autres à creuser dans le cimetière, attenant à l'église, les fondations de la nouvelle construction. On eût dit une ruche laborieuse dont les habitants rivalisaient de zèle pour l'œuvre commune. Cet élan de la population ne se démentit pas jusqu'aux grands travaux de la campagne. Dans le mois de juin, le curé, le vicaire et la petite colonie d'élèves furent les manœuvres. Un peu plus tard, les matériaux manquant, un tombereau à bras, traîné par le curé et le vicaire, suffisait à la fourniture journalière du sable. L'abbé Rascol avait pris à sa charge la nourriture de tous les ouvriers. L'édifice fut enfin achevé, et la fabrique n'eut à débourser qu'une somme insignifiante. Il en fut de même pour les agrandissements successifs qui furent faits à diverses époques à l'église de Murat, dont la capacité fut doublée. Une première fois, ce fut le prolongement de la nouvelle chapelle dans la longueur totale de l'église. Une autre fois pareille addition fut faite du côté opposé, et le presbytère rendu attenant à l'église avec laquelle il fut mis en communication. La dépense, déjà considérable, nécessitée par ces constructions et d'autres moins importantes, fut toujours et uniquement à la charge des paroissiens de Murat, dont la générosité était inépuisable, et du curé, dont le patrimoine fut considérablement réduit.

Après cette première satisfaction donnée aux besoins matériels de l'église, l'abbé Rascol, pour faire marcher de pair le soin des âmes, résolut de faire donner une grande mission. Elle fut prêchée pendant le carême de l'année 1834 par M. Murat. Ce prêtre était venu de l'Auvergne à la suite de Mgr de Gualy, récemment promu de l'évêché de Saint-Flour à l'archevêché d'Albi. Aussi sévère pour lui-même que son climat natal est âpre, cet homme de Dieu avait la spécialité des missions dans les pays de montagnes. Il possédait le secret de faire vibrer la fibre sensible cachée sous la rude écorce du montagnard. Son langage rude et grossier prenait une forme incisive et entraînante qui enlevait son robuste auditoire. Le premier ébranlement produit, c'était un torrent déchaîné qu'il maîtrisait à son gré, le faisant passer des sanglots de la componction à l'extase du rayonnement céleste. Nouveau Père Bridaine dans son genre, il lui était arrivé, comme au célèbre Jésuite à Millau, de suspendre son discours, interrompu par les soupirs, les pleurs et les cris de son auditoire dont l'émotion avait atteint la limite extrême.

Rompu à la fatigue, on le vit passer des nuits entières au confessionnal et continuer le lendemain les exercices de la journée avec l'entrain et l'ardeur du premier jour. Tout le clergé environnant se rendait au chef-lieu pour être témoin de ce mouvement extraordinaire et y apporter son concours. Les populations accouraient à flots pressés de tous les points du canton et des paroisses limitrophes de l'Hérault et de l'Aveyron. L'affluence était telle, que l'église de Murat restait ouverte pendant la nuit pour recevoir ceux qui, venus de loin, avaient eu à veiller pendant le jour aux soins des bestiaux, tandis que les autres membres de la famille suivaient les exercices religieux. Deux modestes croix de bois furent élevées, l'une devant l'église, l'autre non loin, au Coustillou, pour perpétuer le souvenir de cette mémorable mission.

Avant de quitter ce théâtre de son zèle apostolique, M. Murat voulut laisser d'autres traces de son passage pour entretenir la ferveur de la population qu'il venait d'évangéliser. Le 24 avril il érigea le chemin de croix qui n'existait pas dans l'église de Murat. L'on vit les notables de la paroisse se disputer l'honneur de payer et de porter eux-mêmes les tableaux représentant les diverses étapes de la voie douloureuse du Sauveur. En même temps, cédant aux instances du curé Rascol, il importa à Murat une institution qui fleurissait alors dans les montagnes de l'Auvergne : la Congrégation de Sainte-Agnès. Dans cet Ordre, dont la règle est en accord avec les habitudes de la vie de famille à laquelle elles ne renonçaient pas, entrèrent des jeunes filles se vouant au rôle de catéchistes, de gardes-malades et de modèles de vertu, chacune dans son village ou dans son hameau. D'un côté, la difficulté qu'éprouvaient les enfants de la paroisse à se rendre au catéchisme par suite de l'éloignement, du mauvais état des chemins et de la saison rigoureuse ; d'autre part, la rareté et le peu d'aptitude des gardes-malades à la campagne, rendaient cette institution précieuse aux yeux du curé de Murat, qui y attachait un grand prix et en fut un zélé propagateur. A cette époque, la rareté des instituteurs et des institutrices donnait aux Sœurs de Sainte-Agnès une importance que devrait leur donner aujourd'hui la raison inverse : leur abondance. Ceux d'alors étaient peu nombreux et insuffisants pour enseigner aux enfants les prières usuelles et le catéchisme. La multitude enseignante de nos jours est impuissante pour cet enseignement, et serait d'ailleurs plus portée à dénaturer et à tourner en ridicule notre code religieux et les pratiques d'un culte que la plupart dédaignent.

Avant la Révolution, la paroisse de Murat possédait deux cloches dont une seule, la plus petite, datant de 1693, avait pu être soustraite à l'avidité des réquisitionneurs, et encore n'avait-elle été laissée que pour appeler le peuple aux exercices du décadi. Cette cloche étant insuffisante, il en fut acheté une nouvelle, dont la bénédiction fut faite en grande pompe le mois de juillet 1836.

Toujours préoccupé des intérêts religieux des populations, l'abbé Rascol voyait avec douleur que l'éloignement de certains quartiers du centre de la paroisse rendait pénible, pour leurs habitants, l'assiduité aux pratiques du culte. Aussi s'associa-t-il avec bonheur à un projet qui tendait à la construction d'une église au Moulin-Mage et à la création d'une nouvelle paroisse, dont celle de Murat devait fournir plus de la moitié des membres. Ses encouragements, ses exhortations hâtèrent l'érection du nouveau temple, qu'il put bénir en 1836. La paroisse de Cabanes, qui fournissait une partie des localités attribuées au nouveau centre religieux, n'était pas à son premier essai de démembrement. En 1690, tous les habitants du Moulin-Mage, de Lacombe et de la Trivalle réunis arrêtèrent unanimement de fonder une chapelle à Lacombe, où serait dite la messe au moins chaque dimanche, pour en faciliter l'audition à un grand nombre de fidèles que l'éloignement et les rigueurs de l'hiver mettaient dans l'impossibilité de se rendre à l'église de Cabanes. Il fut dit que cette fondation avait été reconnue nécessaire depuis longtemps, puisque, à une époque plus reculée, cette chapelle avait existé sous le vocable de Sainte-Marie qu'on décida de lui conserver, et on fixa la fête votive au 8 septembre, jour de la Nativité.

L'acte où sont consignées ces choses donne le détail des donations collectives et individuelles destinées à cette fondation. L'assemblée nomma une députation pour aller demander à l'évêque de Castres d'autoriser ce projet, de bénir le lieu où devait s'élever le nouveau sanctuaire et de désigner l'abbé Nègre, natif de Rébourguil, en Rouergue, pour remplir les diverses fonctions du ministère pastoral dans cette chapelle, offrant de le payer pendant une année entière. Cet abbé Nègre avait régi la paroisse des Cabannes pendant une longue maladie de M. Jean Guillot, prieur de cette paroisse. Dans un autre acte daté de 1693, messire Gaston de Saint-Martin, ancien chanoine du chapitre de Notre-Dame de Belmont et prieur de Cabannes, consentit à la construction de la chapelle de Lacombe, et donna en faveur de cette fondation cinq setiers de seigle, payables chaque année au titulaire de la chapelle, le jour de saint Michel. Tout porte à croire que cette chapelle fut, en effet, fondée, et nous ignorons la date de sa destruction.

L'église du Moulin-Mage n'était pas encore achevée que le dévouement d'un jeune prêtre garantissait le service religieux aux fidèles de la nouvelle paroisse. Un local privé, disposé convenablement, avait été autorisé pour le culte. Le jeune abbé Barthés s'identifiait avec la nouvelle paroisse qu'il desservit bénévolement, collaborant aux travaux et mettant la main à l'œuvre. Tenant compte de l'étroite sympathie qui unit bientôt le zélé ecclésiastique à la jeune paroisse, l'autorité diocésaine crut devoir récompenser le dévouement dont il avait fait preuve, en lui donnant le titre de curé du Moulin-Mage. L'abbé Barthés a blanchi au service de sa paroisse chérie, dont il n'a jamais voulu se séparer. L'affection et le respect dont il y est entouré sont de nature à lui prouver que ses paroissiens ne sont pas des ingrats, et à le dédommager des sacrifices qu'il s'est imposés pour eux. Ce vétéran du sacerdoce est le continuateur de la vieille école cléricale parmi le clergé de nos montagnes, qui le vénère, l'honore et s'inspire de ses conseils (1).

A peu près à la même époque où l'abbé Rascol aidait à la création de la paroisse du Moulin-Mage, il contribua largement par ses conseils, par une pressante sollicitude et par de sérieux engagements à la fondation de la paroisse de Saint-Pierre-des-Vidals, à laquelle le rattachaient des souvenirs et des liens de famille.

Un peu plus tard, sa sollicitude pour les intérêts

(1) Le 8 juillet 1890, Monseigneur, en cours de visite pastorale, a conféré le titre de chanoine honoraire de sa métropole à M. Barthés, curé du Moulin-Mage.

religieux attira son attention sur les villages de sa paroisse les plus distants de l'église. Dans la mauvaise saison, les habitants de ces points extrêmes mettaient deux heures et plus en chemin, pour se rendre aux offices. Il résolut de créer une paroisse à Condomines, point central de ce quartier éloigné. Mettant courageusement la main à l'œuvre, il réunit la population intéressée, la pressa de ne pas ménager son concours pour une œuvre si importante. Bientôt les matériaux affluèrent de tous côtés, l'emplacement fut donné gratuitement par un des futurs paroissiens du nouveau cercle religieux ; les fondations furent creusées, et le curé de Murat put bientôt bénir la première pierre du nouvel édifice. Malgré ses occupations, l'abbé Rascol trouvait assez de temps pour franchir plusieurs fois la semaine les sept kilomètres qui séparent Murat de Condomines, afin de presser les travaux, d'encourager les uns, de louer les autres et de provoquer les largesses de certains. En attendant que la construction de l'édifice fût achevée, il obtint l'autorisation de célébrer les offices dans un local privé, qui fut approprié à cette destination. C'est dans ce local que, pendant plus d'un an, l'abbé Antoine Rascol, neveu et vicaire du curé de Murat, fit le service régulier de la nouvelle paroisse avant même son organisation. En octobre 1838, Jacques Rascol était en instance auprès de Mgr d'Albi pour la bénédiction de la nouvelle église et pour lui obtenir un desservant. Mgr l'archevêque lui répondit que n'ayant pas de prêtre disponible dans ce moment, il attendait l'ordination de la Noël pour en envoyer un à la *nouvelle paroisse chérie du curé de Murat.* En même temps Sa Grandeur autorisait toutes les demandes qui lui étaient adressées, notamment celle qui avait rapport à la bénédiction du nouveau sanctuaire, pour laquelle il lui donnait mission spéciale. Le curé de Murat eut la joie de couronner son œuvre en bénissant lui-même cette église, objet de ses soins et de son affection. Il eut aussi la satisfaction d'installer le premier curé de cette paroisse. Ce fut l'abbé Riquet, jeune prêtre, qui sut si bien conquérir l'affection de ses ouailles, qu'après vingt ans de séjour au milieu d'elles, l'annonce de son déplacement mit sur pied toute la paroisse, pour aller en corps auprès de Monseigneur, qui se trouvait en tournée à Anglès, demander inutilement la révocation de cet ordre.

Le zèle de Jacques Rascol pour le soin des âmes ne connaissait pas de limites, et le dévouement qu'il montrait pour le service des autels, même en dehors de son rayon, forme un des traits caractéristiques de sa carrière apostolique. Il n'y a pas une paroisse environnante de notre diocèse et de celui de Montpellier dont il n'ait eu à prendre soin, lui, ou ses vicaires, par suite de maladie ou d'absence du prêtre titulaire. Dans le canton de Murat, les paroisses de Canac et de la Bessière furent desservies par le clergé de Murat pendant des années entières que durèrent les maladies de leurs desservants. La paroisse de Boissezon le fut moins longuement, mais plus fréquemment. Les paroisses de Saint-Amans-de-Mounis, de Cambon et de Salvergues dans l'Hérault, furent souvent administrées par les prêtres de Murat. Celle de Salvergues, notamment, veuve de son titulaire, reçut pendant une année les soins réguliers de l'abbé Berthoumieux, alors vicaire à Murat. C'est à l'occasion de ces services dans la partie du diocèse de Montpellier avoisinante que Mgr Thibaut prit en affection le curé de Murat dont il admirait le zèle et les vertus. Il se plaisait à venir le surprendre dans son modeste presbytère, et consentait quelquefois à transformer la pauvre église de Murat en cathédrale par la pompe des offices religieux qu'il y célébrait. Il fit l'abbé Jacques Rascol dépositaire des pouvoirs dont disposent les grands vicaires, pour en faciliter l'obtention aux prêtres de son diocèse avoisinant Murat.

III

Après vingt ans d'un ministère actif et laborieux, le curé de Murat commençait à jouir du fruit de ses travaux. Sa paroisse entièrement transformée était citée comme un modèle ; la bonne population qui la composait se faisait remarquer par sa ferveur religieuse et sa bonne moralité. Les œuvres qu'il avait entreprises étaient toutes arrivées à bonne fin. Les deux nouvelles paroisses, comme deux tiges récemment séparées du tronc maternel, commençaient à fleurir sous la sage direction des saints pasteurs que la Providence leur avait envoyés. Cette situation prospère excitait l'admiration et attira l'attention de l'autorité ecclésiastique, ainsi que de l'administration civile, qui crurent devoir rapporter une bonne part de ces améliorations à l'action et à l'influence du curé-doyen de Murat. Comme conséquence de cette appréciation flatteuse pour l'abbé Rascol,

Mgr de Gualy, en tournée pastorale dans la montagne, lui conféra le titre de chanoine honoraire de la métropole d'Albi; c'était en mai 1840. Cette dignité, toute méritée qu'elle était, mit à une rude épreuve l'humilité et la modestie de celui qui en était l'objet; il accepta néanmoins. Il n'en fut pas de même d'une autre distinction que l'administration civile crut devoir lui offrir pour rendre hommage à ses vertus, notamment à sa charité. Les instances d'un personnage marquant du département ne purent vaincre ses résistances, et le curé de Murat refusa obstinément la croix de la Légion d'honneur.

Cependant l'abbé Rascol, toujours préoccupé du soin des âmes et enthousiasmé des résultats de la mission de 1834, avait pris la résolution de procurer fréquemment un pareil bienfait à ses paroissiens. Dans les premiers temps, à son point de vue, ces exercices extraordinaires, que j'appellerai volontiers les grandes manœuvres religieuses, étaient destinés à tenir en haleine les principes religieux de son peuple, en ne laissant pas faillir son zèle et sa ferveur. Plus tard, lorsque les contacts trop fréquents de nos populations avec le bas Languedoc eurent fait baisser leur niveau moral et religieux, ces pratiques furent destinées à arrêter le mal envahissant et à lui opposer une barrière. Je ne saurais rapporter ici toutes celles que l'abbé Rascol provoqua dans la paroisse de Murat sous le nom de missions et de retraites auxquelles il faut joindre les mémorables époques de jubilés ordinaires et extraordinaires. Chacune de ces périodes de rénovation amena à Murat des apôtres d'un zèle et d'une ardeur infatigables. Une première fois ce fut M. Murat qui n'eut qu'à glaner quelques épis dans ce champ dont il avait déjà moissonné les gerbes. Le jubilé de 1854 fut prêché par deux Pères Jésuites de la résidence de Castres : le Père Vaysse, mort jeune à la brèche, et le digne Père Goudelin, qu'un long et brillant apostolat avait mis en rapport avec toutes les classes de la société, qu'il connaissait à fond. Ce furent deux capucins de la résidence de Toulouse : le Père Isidore, jeune et ardent, et le vénérable Père Honoré, qui reçurent et acceptèrent en 1871, du curé Rascol, sa dernière invitation pour venir évangéliser cette paroisse.

Dans l'intervalle de ces grands ébranlements religieux, la paroisse de Murat avait eu de nombreuses retraites. En 1867, à la suite d'une de ces retraites prêchées par l'abbé Antoine Rascol, neveu de Jacques et alors curé-doyen d'Alban, avait eu lieu la plantation de la croix en fer qui existe actuellement devant l'église. Dans l'allocution qu'il adressa à cette occasion aux paroissiens de Murat, le prédicateur comme s'il avait eu la prévision des jours néfastes que nous traversons, leur fit prendre l'engagement de défendre l'instrument de notre rédemption contre quiconque viendrait l'insulter ou l'abattre. Toute la paroisse le promit à haute voix, à l'exemple de son curé. Le prédicateur et le curé ne sont plus, mais l'engagement reste et les paroissiens sauraient s'y conformer, si malheureusement les circonstances leur en fournissaient l'occasion.

Dans les vues du curé Rascol, à part les avantages déjà signalés, l'introduction de l'Ordre de Sainte Agnès devait en produire un autre : c'était de fournir des institutrices aux quartiers éloignés des centres scolaires trop peu nombreux, en attendant mieux. Cette préoccupation du pasteur pour l'instruction de la jeunesse était de vieille date ; elle avait germé dans son esprit le jour où il avait constaté l'ignorance de la population qui lui était confiée. Partant de là, il n'avait pas hésité, ainsi que nous l'avons dit, à transformer son habitation en maison d'école. Profitant du bon vouloir des Sœurs de cet Ordre, il avait organisé dans chaque hameau une petite école où elles enseignaient les enfants sans autre garantie que leur zèle et leur dévouement. Cet enseignement insuffisant n'avait pu le satisfaire ; aussi, se concertant avec son neveu et vicaire l'abbé Antoine Rascol, s'empressa-t-il de saisir une occasion qui lui était offerte, pour lui faire acquérir un immeuble où il put installer, dès 1856, trois Sœurs de l'Ordre de Saint-Joseph d'Oulias. Devançant la gratuité de l'enseignement, il admit dans cette école un nombre considérable de jeunes filles de la paroisse sans imposer aucune dépense aux familles. Il pourvoyait lui-même à l'entretien des Sœurs dont le nombre devenu insuffisant dut être porté à cinq. Bientôt on put recevoir dans cet établissement des pensionnaires à côté des externes. Quoique ce pensionnat n'ait pas pris un grand développement, il rend, tel qu'il est, des services inappréciables dans le rayon dont Murat est le centre. Plus tard, l'abbé Antoine Rascol mourant légua l'immeuble à l'Ordre de Saint-Joseph d'Oulias pour perpétuer cette école à Murat. La dépense occasionnée par l'entretien des Sœurs et la contribution de Jacques Rascol pour parfaire le prix d'achat du local qui leur était affecté, épuisèrent son patrimoine déjà largement ébréché, comme nous l'avons vu.

Malgré le dénûment où l'avaient réduit ses bonnes œuvres, le curé de Murat caressait un projet cher à son cœur : c'était de pouvoir appeler des Frères pour leur confier l'éducation des enfants de sa paroisse. Ce projet il n'a pu le réaliser ni lui, ni l'abbé Antoine Rascol auquel il le transmit avec sa succession à la cure de Murat. Néanmoins, ce dernier laissa en mourant des éléments propres à faire espérer sa réalisation dans un avenir plus ou moins prochain. Malheureusement les circonstances fâcheuses de sa dernière maladie ne lui permirent pas de confier cette œuvre à des mains expérimentées. Une trop grande précipitation jointe à un manque de réflexion assirent cet établissement si utile sur des bases d'une stabilité contestable. L'Ordre des Frères Maristes, après avoir accèpté d'organiser une école qui rendit littéralement déserte celle de l'instituteur communal, put bientôt ouvrir un pensionnat dont trois années d'existence attestaient la vitalité croissante et promettaient les plus belles espérances. C'est à ce moment que les Maristes crurent devoir se retirer; cet abandon n'a pas été incité par la Providence. Des mains secourables sont venues en aide à l'insuffisance des ressources locales et une école libre, avec pensionnat, fleurit déjà dans l'établissement délaissé. L'œuvre ne périra pas tant que les sources de la bienfaisance ne seront pas taries.

Jacques Rascol n'avait pas abandonné un projet qui lui était personnellement cher et que diverses circonstances l'avaient forcé d'ajourner jusqu'en 1865. La sépulture de son oncle, Pierre Rascol, mort curé de Lacaune, était perdue dans l'ancien cimetière de cette ville, sans que rien en marquât la place. La précision des souvenirs du vénérable M. Barthés, curé de Cabanes, jointe aux témoignages d'autres personnes, permit de découvrir le lieu, où le curé de Murat fit élever un petit mausolée en marbre blanc, avec une inscription bien adaptée à celui dont on voulait perpétuer la mémoire : *Dis-*

persit dedit pauperibus. La plaque de marbre où est gravée l'inscription domine la route de Lacaune à Pierre-Ségade, d'où on l'aperçoit pendant un certain parcours, à partir du point de jonction de cette voie avec la route départementale.

L'érection du petit monument donna lieu à une cérémonie religieuse, qui appela à l'église une affluence considérable, où l'on remarquait beaucoup de protestants. La messe fut chantée par Jacques Rascol, assisté de son neveu Antoine et d'un nombreux clergé. Le vénérable M. Rieunau, curé de Lacaune, qui avait mis tout son bon vouloir à organiser cette cérémonie, retraça dans un brillant discours la vie et les œuvres du défunt, dont le souvenir était encore vivant parmi cette bonne population de Lacaune. Il était si vivant, qu'à la suite d'un article paru dans la *Semaine religieuse* du diocèse, où l'auteur avait principalement insisté sur la charité proverbiale de l'ancien curé de Lacaune, un pasteur protestant, presque son contemporain, engagea une polémique à ce sujet. Il réclamait pour ses coreligionnaires une part du mérite des œuvres de charité de Pierre Rascol, pour qui les bourses des protestants avaient été aussi largement ouvertes que celles des catholiques. Cette prétention, justifiée dans une certaine mesure, paraît étrange à la génération actuelle, au sein de laquelle s'agitent tant d'intérêts, soit réels, soit factices, pour engendrer des divisions si acharnées, qu'elles ne respectent pas même les liens de la famille. La chose paraîtra moins surprenante quand on saura qu'à cette époque, à Lacaune, la même cloche appelait les catholiques à l'église et les protestants au temple, ainsi que me le disait, il y a longtemps, un homme d'un grand talent que les événements politiques de 1815 avaient forcé à chercher un refuge dans cette ville.

Une fois ce pieux devoir accompli, ce fut par un heureux stratagème que, profitant de la présence de Jacques Rascol à Lacaune, on put le faire photographier presque à son insu. C'est à cette surprise qu'est due la photographie placée en tête de cette notice.

Cependant la robuste constitution de Jacques Rascol commençait à s'altérer, autant par le fait des fatigues du ministère et de la rigueur du climat que par le poids des années. Déjà, à diverses reprises, de longues maladies avaient porté une grave atteinte à sa santé, lorsqu'en 1873 une attaque de paralysie vint engourdir ses membres. Il comprit que ses forces ne répondant plus à sa volonté, il était impuissant à satisfaire aux besoins de sa charge. D'autre part, il était évident que le jour où il quitterait cette chambre qu'il avait habitée pendant cinquante-deux ans, sa fin serait hâtée. En conséquence, on soumit à l'autorité ecclésiastique une combinaison, à laquelle elle adhéra volontiers; et l'abbé Antoine Rascol, alors curé d'Alban, vint prendre la succession de son oncle, avec qui il resta dans la maison curiale de Murat.

A partir de ce moment, l'état de Jacques Rascol alla en décroissant, donnant ainsi raison à cette opinion généralement admise, et non à tort, que l'homme qui a mené une vie active et laborieuse ne subit pas impunément un changement brusque d'habitudes en se condamnant d'un seul coup et sans transition au calme et au repos.

Les commencements de l'année 1875 furent marqués par une aggravation de son état; le peu de forces qui lui restaient s'épuisèrent dans une lutte marquée par des alternatives d'amélioration et de recrudescence de son mal. Enfin, le 9 mars 1875, il rendit sa belle âme à Dieu, après une courte agonie. L'affliction de la paroisse de Murat à l'annonce de cette triste nouvelle fut portée à son comble : on eût dit une calamité publique. De tous les points de la paroisse et des paroisses voisines accouraient des fidèles désireux de voir une dernière fois sur son lit funèbre ce vénéré vieillard qui, dans le cours de son long ministère, avait été en rapport avec presque toutes les familles de la commune et du canton. Chacun tenait à voir une dernière fois les traits de ce saint prêtre, dont la physionomie exprimait si bien la douceur, la mansuétude et la bienveillance.

Ses funérailles attirèrent un concours immense de fidèles venus de tous les points de la montagne. Tout le clergé du canton et des alentours y accourut, pour rendre un dernier hommage à ses vertus sacerdotales, dont il avait été un modèle si accompli. Il venait de terminer sa quatre-vingt-deuxième année.

IV

Doué d'un caractère vif et sensible, Jacques Rascol, par la pratique des plus hautes vertus, mais surtout de son inépuisable charité, était parvenu de bonne heure à dompter l'énergie de sentiments et de volonté propre aux natures ardentes comme la sienne. Dans les rapports ordinaires de la vie il n'eut jamais que des procédés d'une douceur et d'une bienveillance devenues proverbiales, n'importe les dispositions des personnes à qui il avait affaire. Jamais, devant lui, on ne parla défavorablement d'un absent dont il ne prît la défense et dont il n'interprétât en bien les actes et les paroles. Si quelquefois, subissant l'influence inévitable de son caractère, il se sentait poussé à bout, il se retirait sans mot dire, laissant son interlocuteur étonné d'une retraite qui impliquait un si grand empire de la volonté sur les sentiments naturels de l'homme.

Sobre et austère pour lui-même, le curé de Murat exerçait une large hospitalité envers tous les étrangers et aussi envers ses paroissiens. Les jours de première communion étaient l'occasion d'une fête au presbytère, où le pasteur réunissait à sa table les enfants qui avaient pris part au banquet eucharistique. D'ordinaire, le dimanche, quelques vieillards ou infirmes, venus à l'église pour faire la communion, prenaient un repas au presbytère avant de rentrer chez eux. Mais les jours de grande solennité, telles que Noël, Pâques, etc., le nombre des invités était considérable. La maison curiale était toujours ouverte, surtout dans la mauvaise saison, pour que chacun pût aller se réchauffer à son large foyer. Les rapports réciproques du pasteur avec ses paroissiens avaient, dans leur abandon et leur laisser-aller mutuels, quelque chose de cette bonhomie et de cette simplicité des âges bibliques, sans exclure la dignité d'un côté, et le respect de l'autre. Tels nous sont représentés les patriarches, entourés du nombreux personnel de leur tribu errante, composant une grande famille, dont chaque membre répondait à l'affection du chef par une soumission et un dévouement inconnus de nos jours.

Les nombreux vicaires qui passèrent dans la paroisse de Murat sous Jacques Rascol, vécurent avec lui d'une vie commune sous le même toit. Cette vie de famille, malgré la différence d'âge, de goûts et d'habitude de ceux qui y participaient, avait son côté utile et ne manquait pas de certains attraits. Elle avait une réelle utilité, si on s'en rapporte à l'opinion des maîtres de la vie spirituelle, qui attachent un grand prix à l'émulation résultant des pratiques religieuses en commun et à l'influence exercée par la réciprocité des bons exemples de ceux qui habitent ensemble. Quant aux attraits de cette existence dans un presbytère qui abrite le curé et son vicaire, ils doivent exister, puisque aucun des vicaires de Jacques Rascol ne manqua, une fois déplacé, de revenir visiter ce foyer que bien peu avaient pu quitter sans regret, malgré l'exiguïté et l'incommodité du logement. La joie de ces visiteurs n'avait d'égale que celle du vieux curé, tout heureux de recevoir ses anciens collaborateurs, comme l'aurait été un père de famille en revoyant un de ses enfants après une longue absence. Ces jeunes prêtres, revenant à la belle saison, trouvaient ordinairement dans cette maison hospitalière des visiteurs d'un autre âge; c'étaient leurs aînés dans le sacerdoce, ces prêtres dont il a déjà été question, qu'une étroite amitié unissait à Jacques Rascol. Le seul dont je veux parler ici est l'abbé Roques, cet apôtre de nos montagnes pendant la Révolution, qui venait régulièrement, tant que ses forces le lui permirent, respirer l'air natal dans ce presbytère où résidait celui qui lui devait la vie de la grâce. Les noms de cher père et de cher fils étaient les seuls adoptés entre ces deux saints prêtres dont la conversation, la piété et les exemples ne pouvaient qu'être profitables à leurs jeunes confrères.

Le presbytère de Murat fut quelquefois un asile salutaire pour des âmes que les déceptions du monde avaient conduites au dégoût de la vie. Parmi ceux qui venaient chercher des consolations sous ce modeste toit, pas un n'en était reparti sans recouvrer la paix de l'âme, cette paix dont l'absence cause de si grands maux à l'humanité.

Le presbytère de Murat fut transformé quelquefois aussi en hôpital. Je me souviens d'un jeune homme que l'on croyait destiné à la carrière ecclésiastique, qui fit dans cette maison une maladie de plusieurs mois. Vers 1833, un jeune prêtre de l'Hérault, originaire de la montagne, vint faire chez l'abbé Rascol une longue cure qui dura tout un été.

La régularité de vie de Jacques Rascol, au milieu des occupations incessantes et variées de son ministère, en fait un prêtre à part. Levé à cinq heures en hiver et à quatre en été, il n'avait pas un moment inoccupé jusqu'à neuf heures du soir, heure de son coucher. La prière, la méditation, la messe et le saint office occupaient les premières heures de sa journée, venaient ensuite les confessions, qui le retenaient jusqu'à neuf ou dix heures. Rentré dans sa chambre, il s'occupait de sa correspondance, donnait audience aux visiteurs et revoyait une question de théologie dogmatique ou morale. Ainsi s'écoulait la matinée, qui se terminait par la lecture d'un chapitre de l'Ecriture sainte. A onze heures et demie, le dîner était servi. La visite des malades, des familles pauvres ou affligées lui servait de récréation. C'est dans le cours de ces visites qu'il distribuait ses aumônes. Plus d'une fois, après avoir épuisé sa bourse, n'ayant pas autre chose à donner, il rentrait dépourvu de quelque pièce de son vêtement. Ce n'étaient pas seulement les dons spontanés qui épuisaient sa bourse, mais de nombreux prêts à ses paroissiens, recourant à lui dans un moment de gêne pour de petites sommes qui n'étaient guère remboursées. Au retour de ces courses, il se rendait à l'église pour la récitation du bréviaire et pour le chemin de la croix. Ce dernier exercice terminé, il entendait les confessions, rentrait dans sa chambre pour continuer sa correspondance, s'il y avait lieu, ainsi que ses pieuses lectures, au nombre desquelles il plaçait toujours la vie du saint dont on célébrait la fête. Vers les cinq heures, il récitait son office, à six heures la prière du soir et le chapelet en public à l'église, rentrait au confessionnal ou restait en oraison jusqu'au moment du souper qui avait lieu à sept heures et demie. Le repas était suivi d'une conversation avec les vicaires ou avec des visiteurs bien fixés sur les moments disponibles. A neuf heures chacun se retirait. Les longues heures qui s'écoulaient entre le coucher et le lever n'étaient pas toutes consacrées au repos : fréquemment on avait entendu dans l'église le bruit d'une personne toussant ou se déplaçant. C'était le curé qui, ne voulant pas laisser trop longtemps le Dieu de l'Eucharistie sans adorateurs, allait nuitamment se livrer à son exercice de prédilection : le chemin de la croix. Sa foi envers le sacrement de nos autels était si vive et son amour si ardent, qu'on le vit ne pas hésiter à avaler un crachat avec lequel un mourant qu'il administrait avait rejeté la sainte Espèce. A part ses adorations nocturnes à l'église, le curé Rascol trouvait d'autres moyens de consacrer une partie de ses heures de repos aux pratiques de dévotion ; une tête de mort placée dans une petite niche creusée dans le mur qui bornait son lit, lui fournissait de graves sujets de méditation, bien capables d'écarter le sommeil de ses paupières. On peut dire que l'idée de la présence de Dieu était son idée dominante, le mobile de toutes ses actions et de toutes ses pensées, et que, partant de là, sa vie fut une prière continuelle. Il fallait le voir dans ses maladies, alors que son cerveau congestionné et alourdi n'avait plus conscience d'aucune impression, le mot de Jésus prononcé à son oreille produisait sur lui l'effet de la commotion électrique, suivie d'une ardente invocation aux saints noms de Jésus, Marie et Joseph.

L'esprit de recueillement était si développé chez lui qu'il avait souvent manifesté l'intention d'aller passer les dernières années de sa vie dans le calme du cloître chez les Trappistes. Cette idée avait pour point de départ la préoccupation constante du compte qu'il aurait à rendre de son ministère. C'est sous l'empire de cette préoccupation qu'il célébra le cinquantième anniversaire de sa prêtrise, refusant de se rendre aux désirs de sa famille, pour qui cet anniversaire était une véritable fête. Ce jour venu, c'était le 24 août 1867, il invita quelques parents résidant dans la paroisse et réunit pour assister à sa messe un grand nombre d'enfants. L'exercice fut clôturé par le chant du verset, plusieurs fois répété : *Tu es sacerdos in æternum secundum ordinem Melchisedech.* Après la cérémonie, l'abbé Rascol rentra au presbytère où il passa la journée entière seul, dans le recueillement et la prière, sans prendre presque aucune nourriture. Cette conduite, si opposée à celle qui est généralement adoptée en pareille circonstance, rappelle celle de Sa Sainteté Pie IX qui, au lieu de courir les sanctuaires les plus vénérés de la Ville éternelle pour dire ses premières messes, concentra sa piété dans une modeste chapelle.

Nourri des saintes Ecritures, connaissant à fond la vie des saints, Jacques Rascol donnait régulièrement à ses paroissiens des prônes pratiques à la portée de son auditoire. Pour ces entretiens familiers, il ne se livrait pas aux hasards de l'improvisation, mais chaque samedi il préparait son sujet, pris d'ordinaire sur l'Evangile du dimanche. Il savait se rendre aux désirs de confrères qui l'invitaient à porter la parole dans certaines circonstances. Le choix du sujet était toujours heureux, et le côté pratique, surtout dans les dernières années de sa vie, dominait dans son sermon empreint d'une dignité qui se révélait autant par le choix du sujet que par l'élévation de la pensée. Il aimait à inviter les prêtres du canton et du voisinage pour prêcher les jours d'Adoration et de grande fête, et se plaisait à traduire, séance tenante, ses remerciements à l'orateur dont il résumait admirablement le discours pour en faire ressortir le côté pratique. Plus d'une fois ces improvisations furent très heureuses et marquées au coin du véritable talent.

Je ne saurais mieux clore cette esquisse qu'en invoquant le témoignage de l'auteur de la notice biographique de l'abbé Joseph Azaïs, mort curé de la Salvetat (Hérault). Cet auteur est un prêtre ; il connaissait particulièrement l'abbé Jacques Rascol. Voici la phrase que je relève dans cette brochure : « *Le vénéré et pieux curé de Murat, cette perle du clergé de nos montagnes, le bon, le doux, le saint abbé Rascol, qui réunit à la mansuétude de saint François de Sales, quelque chose de la charité de saint Vincent de Paul.* »

QUELQUES MOTS

SUR

ANTOINE RASCOL

Mon œuvre resterait incomplète, si, après m'être longuement étendu sur Jacques Rascol, je gardais le silence sur l'abbé Antoine Rascol, son neveu, son successeur à Murat, l'associé et le continuateur de ses bonnes œuvres.

C'est une grande figure sacerdotale dont les traits sont difficiles à reproduire, et dont la vie s'est passée dans une concentration qui ne permettait guère d'en pénétrer l'intimité. C'était un véritable ascète doublé d'un érudit. Il fut l'un des vicaires que l'autorité ecclésiastique envoya à Murat en 1835, avant le démembrement de la paroisse, pour succéder à l'abbé Berthoumieux, pourvu de la cure de Barre. L'abbé Antoine occupa ce poste durant vingt-deux ans, pendant lesquels son goût pour l'étude lui permit d'acquérir un savoir immense. Vrai bénédictin, il occupait dans cet étroit logement, qui abritait trois prêtres, une petite chambre d'où il ne sortait que pour vaquer à ses occupations ou pour assister au repas commun qu'il égayait de sa jovialité.

Au sortir du grand séminaire, l'autorité ecclésiastique l'avait envoyé prendre part aux travaux d'une grande mission prêchée en ce moment dans les paroisses de Mazamet et des environs, par une colonie de prêtres sous la direction de l'abbé Parodié.

Une fois la mission terminée, il reçut le titre de vicaire de Murat qu'on lui donna en vue de la satisfaction réciproque qui devait résulter pour l'oncle et le neveu de leur rapprochement. Pendant son long vicariat, son savoir et son talent oratoire furent largement mis à contribution dans toute la montagne, sans distinction de diocèse. Il n'y a pas une paroisse qu'il n'ait évangélisée aux époques de jubilé, et où il n'ait prêché des missions et des retraites.

A un vrai talent d'orateur il joignait une connaissance approfondie du cœur humain, dont il savait analyser les sentiments et les mobiles avec une précision étonnante. Il excellait dans la direction des âmes. Sa vertu austère n'eut qu'à gagner à l'école de son oncle dont les mœurs douces et sympathiques donnaient un charme particulier à ses rapports marqués au coin de la plus grande simplicité. Ces deux natures se suppléaient et se complétaient mutuellement. D'un côté, l'oncle doux, expansif, prévenant, rendait son abord facile et agréable. De l'autre, le neveu froid et concentré était constamment dominé par un sentiment de timidité naturelle, aggravée par l'isolement auquel le condamnait son ardeur pour l'étude. Les préoccupations intellectuelles qui l'absorbaient ne devaient pas être étrangères à cette froide réserve dont il ne se départait guère que dans l'intimité. Alors, se déridant, il devenait gai, spirituel, plein d'entrain.

Sobre, austère, endurant sans jamais se plaindre, il vécut souvent de privations en vue des œuvres projetées de concert avec son oncle. Nous avons déjà dit qu'en mourant il avait légué à l'Ordre de Saint-Joseph d'Oulias l'immeuble qu'il avait acquis à Murat pour y installer une école de jeunes filles. Nous avons parlé aussi du sort de l'œuvre des Frères, qu'il avait si laborieusement préparée. Nous devons ajouter qu'il laissa à la paroisse de Murat ce qu'il avait de plus cher et de plus précieux : sa belle bibliothèque. Il est regrettable que le manque d'espace ait fait reléguer cette riche collection d'auteurs sacrés et profanes dans les combles de la maison curiale.

Vers 1852, l'autorité ecclésiastique ayant à pourvoir à une situation délicate dans la paroisse de Labastide-Rouairoux, jeta les yeux sur le vieux vicaire de Murat. L'abbé Antoine Rascol fut mandé dans cette paroisse avec le titre de pro-curé. Sa prudence, son tact et sa fermeté ne tardèrent pas à lui faire une bonne situation dans ce poste périlleux. Bientôt les divisions s'apaisèrent et la concorde se rétablit à la grande satisfaction de tous. Une fois ce résultat obtenu, l'abbé Rascol eut hâte de revenir à son vicariat de Murat et à ses chères études ; il y passa quelques années encore.

Le départ de M. Delpas laissa vacante la cure de Lacaune, qu'il avait occupée pendant de longues années avec éclat. L'autorité ecclésiastique crut devoir offrir ce poste à Antoine Rascol qui objecta d'assez bonnes raisons pour faire agréer son refus. Il n'en fut pas de même de la cure d'Alban, devenue vacante quelque temps après celle de Lacaune. Antoine Rascol en prit possession en 1857 et ne la quitta qu'en 1874, après l'avoir régie pendant dix-huit ans. Son souvenir est encore vivant dans cette paroisse où il a laissé des traces mémorables de son passage. En quittant Alban, il vint succéder à son oncle dans la cure de Murat, Nous avons déjà dit dans quelles circonstances les supérieurs ecclésiastiques, se prêtant aux vues de la famille, avaient accepté la démission de Jacques, déjà atteint par l'infirmité, pour donner sa succession à son neveu appelé à lui servir de bâton de vieillesse. La joie qu'éprouvèrent ces deux saints prêtres de se voir de nouveau réunis ne fut pas de longue durée : la mort de Jacques y mit bientôt un terme. L'abbé Antoine Rascol atterré par cette séparation qui pour être prévue n'en fut pas moins sensible pour lui, continua à régir la paroisse de Murat, demandant à l'étude quelque consolation à sa douleur. Vivement préoccupé de l'établissement des Frères, il essaya diverses combinaisons, qui ne purent aboutir. Enfin la mort vint le surprendre le 26 décembre 1876 avant la réalisation de ce projet, objet de toutes ses préoccupations et des nombreuses privations qu'il s'était imposées pour grossir la somme destinée à cette fondation.

A partir de 1783 jusqu'à 1876, dans une période de quatre-vingt-quatorze ans, près d'un siècle, la cure de Murat a donc été régie pendant soixante-huit ans par trois prêtres de la même famille :

Pierre Rascol, curé de Murat de 1783 à 1794, pendant douze ans ;

Jacques Rascol, curé de Murat de 1821 à 1875, pendant cinquante-quatre ans ;

Antoine Rascol, pendant deux ans, auxquels il faut ajouter vingt-deux ans de vicariat dans la même paroisse.

Les services de ces trois prêtres auprès de la population de Murat ont eu une durée de quatre-vingt-dix ans. Pendant cette période, trois générations se sont élevées sous la direction religieuse de ces trois pasteurs, dont le souvenir ne s'effacera pas de longtemps parmi les paroissiens de Murat. Ces hommes de Dieu ont laissé des traces ineffaçables de leur passage par leur charité, leur zèle, leurs vertus, leurs exemples, leur savoir et par les œuvres qu'ils ont fondées.

La mémoire de Pierre est liée aux souvenirs de la grande Révolution qui ne put lui faire quitter son poste qu'après qu'il eut vu couler le sang de son vicaire, l'abbé Puech, mort martyr. Certains épisodes de sa vie errante, dans lesquels l'énergie militaire de sa première profession joua un très grand rôle, sont encore conservés à l'état de légende locale.

Il n'est guère de famille dans la paroisse et dans le canton qui ne conserve un culte particulier pour la mémoire de Jacques, dont les hautes vertus, la charité et le désintéressement sont redits aux enfants, qui pourront les transmettre à leurs descendants.

Antoine est encore présent à tous les souvenirs comme prédicateur consommé et directeur éclairé, jugeant avec pleine compétence les cas difficiles.

Les agrandissements successifs de l'église de Murat, dont la capacité a été plus que doublée, la fondation de l'établissement des Sœurs, de celui des Frères, pour lequel on attend des jours meilleurs ; la création des paroisses de Saint-Pierre-des-Vidals, dans le canton de Lacaune ; du Moulin-Mage et de Condomines, dans le canton de Murat, due à l'initiative et à l'active collaboration de Jacques, tels sont les titres qui garantissent la pérennité du nom de Rascol parmi les bonnes populations de nos montagnes.

La paroisse de Murat a hérité de la riche bibliothèque d'Antoine Rascol, grossie de celle plus modeste de Jacques. Elle a hérité aussi d'un calice en vermeil, qui fut offert à Pierre quand il administrait la paroisse de Saint-Affrique.

Toulouse. — Imprimerie Saint-Cyprien. — 11.601.

www.ingramcontent.com/pod-product-compliance
Lightning Source LLC
LaVergne TN
LVHW010002230826
846092LV00002B/603